NOTICE BIOGRAPHIQUE

SUR

FRÉDÉRIC OZANAM

PROFESSEUR DE LITTÉRATURE ÉTRANGÈRE
A LA FACULTÉ DES LETTRES DE L'ACADÉMIE DE LA SEINE

PAR J.-J. AMPÈRE

DE L'ACADÉMIE FRANÇAISE
ET DE L'ACADÉMIE DES INSCRIPTIONS ET BELLES-LETTRES

PARIS

IMPRIMERIE LE NORMANT, RUE DE SEINE 10

1855

NOTICE BIOGRAPHIQUE

SUR

FRÉDÉRIC OZANAM

**PROFESSEUR DE LITTÉRATURE ÉTRANGÈRE
A LA FACULTÉ DES LETTRES DE L'ACADÉMIE DE LA SEINE**

PAR J.-J. AMPÈRE

DE L'ACADÉMIE FRANÇAISE
ET DE L'ACADÉMIE DES INSCRIPTIONS ET BELLES-LETTRES

PARIS

IMPRIMERIE LE NORMANT, RUE DE SEINE, 10

1855

NOTICE BIOGRAPHIQUE

SUR

FRÉDÉRIC OZANAM.

Il y a quatre mois à peine, la Faculté des Sciences perdait un maître éminent dans la personne d'Adrien de Jussieu ; aujourd'hui c'est la Faculté des Lettres qui est frappée à son tour. Le plus jeune de ses professeurs, un professeur éloquent et savant tout ensemble, cher à la jeunesse, aimé de ses confrères, honoré de tous, Ozanam vient de mourir, au moment où il atteignait sa quarantième année.

Celui qui, il y a si peu de temps, rendait dans ce journal un pieux hommage à un ami de toute sa vie, est appelé aujourd'hui à remplir le même devoir envers un ami d'un autre âge. Celui-ci devait me survivre, et je comptais sur lui pour adresser un jour d'affectueuses paroles à ma mémoire.

Petit-neveu du mathémacien Ozanam, qui fut membre de l'Académie des Sciences, et dont Fontenelle a écrit l'éloge, Frédéric Ozanam naquit le

25 avril 1815, à Milan, alors que cette ville faisait encore partie de la France, comme il avait soin de l'expliquer avec beaucoup d'empressement aux autorités autrichiennes quand il voyageait en Italie. Son père était un homme d'une remarquable fermeté de caractère ; il eut à quarante ans le courage d'aller se faire médecin en Italie et le mérite d'y devenir un médecin distingué. L'entrée des Autrichiens à Milan le ramena en France ; il revint à Lyon, patrie de sa femme, et y ramena les trois enfans qu'il avait alors : son fils aîné, aujourd'hui prêtre, son second fils Frédéric, et une fille qui mourut à l'âge de dix-neuf ans après avoir donné à celui-ci sa première éducation. La mère d'Ozanam avait le goût des lettres et des choses de l'esprit. Elle était très pieuse et très charitable. Son mari, qui partageait ses sentimens, craignant pour elle les fatigues des visites fréquentes qu'elle faisait aux pauvres, les lui interdisait parfois ; mais il arrivait alors que les deux époux se rencontraient à quelque cinquième étage, et se surprenaient ainsi, à leur confusion réciproque, en flagrant délit de charité.

Ces détails sur les parens d'Ozanam ne sont pas inutiles, car ils sont déjà un commentaire de sa vie, que remplirent toujours les traditions de la piété maternelle et l'occupation constante de la charité. Son père, qui était bon latiniste, l'initia aux études classiques ; il les poursuivit et les termina au collége de Lyon, où il remporta un grand nombre de prix ; mais ce qui dans ce séjour au collége fut vraiment décisif pour son avenir, ce fut d'y faire sa philosophie sous M. l'abbé Noirot. Tous ceux qui ont étudié sous M. l'abbé Noirot s'accordent a reconnaître dans ce maître chéri un don particulier pour diriger et développer chacun dans sa vocation. M. Noirot procédait avec les jeunes gens par la méthode socratique. Lorsqu'il voyait arriver dans sa classe de philosophie un rhétoricien bouffi de ses succès, et aussi plein de son importance que pouvait l'être Eutydème ou Gorgias, le Socrate chrétien commençait par amener, lui aussi, son jeune rhéteur à convenir qu'il ne savait rien ; puis, quand il l'avait pour son bien écrasé sous sa faiblesse, il le relevait en cherchant avec lui et en lui montrant ce qu'il pouvait faire. L'influence que ce maître habile exerça sur le jeune Ozanam décida de toute la direction de ses pensées. Délivré par l'abbé Noirot des angoisses du doute qui avaient traversé son âme, il fut dès lors un ferme croyant, unissant à la foi la plus sincère et la plus éclairée l'amour de la science et du beau.

Au sortir du collége, il entra dans une étude. On le destinait au notariat. Il passa deux années au milieu d'occupations qui étaient peu de son goût. Il se consolait des ennuis de cette condition en rêvant à sa façon son avenir de notaire. Il y voyait le moyen de mener à fin un poëme épique en vers latins sur *la Prise de Jérusalem par Titus*, dont, en grossoyant des actes, il disposait l'ensemble avec une grande satisfaction Mais il trouvait pour ses heures de loisir des occupations plus utiles que *la Prise de Jérusalem*. Tout en étudiant le droit, il apprenait l'anglais, l'allemand, commençait l'hébreu et lisait énormément.

Aussi, à peine âgé de dix-sept ans, il fut en état de publier une brochure contre *le saint-simonisme*, écrit où l'on sent la jeunesse de l'auteur, mais qui néanmoins mérite d'être cité à cause du sentiment sincère et courageux qui poussait un jeune homme inconnu à entrer en lice contre une secte qui renfermait des hommes de talent, et dont les prédications avaient eu un certain succès. Cet écrit est encore remarquable, en ce qu'on y trouve déjà en germe la plupart des qualités qui se sont depuis développées chez Ozanam : un goût vif, bien que novice encore, pour l'érudition puisée aux sources les plus variées, de la chaleur, de l'élan, et, avec une conviction très arrêtée sur les choses, une grande modération envers les personnes. J'aime à y signaler cette libéralité de vues qui lui faisaient reconnaître des sympathies, même hors du camp dans lequel il combattait, et honorer généreusement, par exemple, dans ce livre, catholique s'il en fut, les luttes que la philosophie spiritualiste soutenait contre le matérialisme.

Envoyé par sa famille à Paris pour y faire son droit, Ozanam eut un bonheur qu'il apprécia toujours, et dont il aimait à remercier la Providence : ce fut de passer deux années sous le toit de mon père. Dès lors, c'est-à-dire depuis 1831, ont commencé entre nous des rapports fraternels ; j'ai toujours accompagné de l'intérêt le plus tendre ce jeune ami, ce jeune frère, dont je conseillais de mon mieux et tâchais de modérer l'impétuosité studieuse, qui m'attachait par la chaleur juvénile de son âme, et, je le dirai comme je le sens, m'inspirait du respect par ses vertus.

Pendant qu'Ozanam faisait son droit à Paris, il se plongeait dans une foule d'études diverses, parmi lesquelles figura même le sanscrit ; il voyait chez mon père des hommes dont la conversation ne ressemblait guère à celle qu'il entendait dans son étude de notaire à Lyon. Il s'attacha beaucoup au philosophe chrétien Ballanche.

Ozanam vit alors M. de Chateaubriand dont l'accueil l'enchanta, il se lia avec M. de Montalembert, il connut l'abbé Lacordaire et assistait, ainsi que moi, à ce premier sermon à la suite duquel il fut décidé unanimement et, ce qui est plus singulier, avec assez de vraisemblance que M. Lacordaire ne serait jamais un grand orateur.

Les conférences de Notre-Dame ont démenti d'une manière éclatante le pronostic. Ce fut Ozanam qui, avec deux de ses amis, comme lui âgés de vingt ans, alla demander à M. de Quélen d'instituer des conférences spécialement destinées aux jeunes gens.

M. de Lamennais se trouvait là. « Voilà celui qu'il vous faut », dit l'archevêque. M. de Lamennais, qui revenait de Rome, s'excusa et ajouta : « Ma mission est finie. » Les trois étudians demandèrent l'abbé Lacordaire, on ne le leur octroya pas d'abord ; mais un peu plus tard il fut appelé à fonder cette prédication d'un genre nouveau qui a eu tant de puissance et d'éclat ; on la doit à la demande adressée à M. de Quélen par Ozanam et ses deux amis.

Ozanam prit part à une autre fondation bien respectable ; il était l'un des sept jeunes gens qui dans une chambre d'étudiant conçurent la pensée de la *Société de saint Vincent de Paul*. Chacun dé ceux qui appartiennent à cette Société, composée principalement de jeunes gens, se chargent d'un certain nombre de familles pauvres qu'ils vont visiter, consoler et secourir. La *Société de saint Vincent de Paul*, qui a eu de si humbles commencemens, est maintenant repandue dans les quatre parties du monde.

Il me semble que tout cela fait connaître l'homme et peut expliquer l'écrivain et le professeur auxquels j'ai hâte d'arriver.

Ce sont les travaux d'Ozanam sur Dante qui devaient annoncer avec éclat sa véritable entrée dans la carrière des lettres. La pensée lui en était venue peut-être lors d'un premier voyage qu'il avait fait en Italie avec sa famille. C'est *le Pèlerinage longtemps rêvé* dont il parle dans l'introduction à son ouvrage sur Dante. Après avoir vu l'Italie, l'étude du droit lui semblait un peu triste. Il n'en passa pas moins avec succès ses thèses de licencié et de docteur en droit, puis ses thèses latine et française pour le doctorat ès lettres. Les deux dernières se rapportaient à la *Divine Comédie*. J'eus à m'applaudir de lui avoir conseillé le choix de ce sujet; car la thèse française, qu'il avait dédiée à M. l'abbé Noirot, son maître, et à moi, a été le germe de son ouvrage intitulé *Dante ou la Philosophie catholique au treizième siècle* qui a eu deux éditions, a été traduit en anglais, en allemand, et quatre fois en italien.

Dans ce livre, rempli d'une érudition qu'animent toujours l'enthousiasme religieux et l'enthousiasme poétique, Ozanam a montré aux lecteurs français encore trop disposés, malgré le bel enseignement de M. Fauriel, à voir seulement dans l'auteur de la *Divine Comédie* le chantre d'Ugolin et de Françoise de Rimini, que Dante était surtout l'encyclopédique représentant du moyen-âge, le théologien, le philosophe, le poëte de la scolastique, exprimant dans un admirable langage les dogmes catholiques et les compositions profondes et subtiles de saint Thomas et de saint Bonaventure, dont Ozanam expose à ce sujet les doctrines métaphysiques avec une vigueur et une netteté singulières. Il a saisi un très grand côté de l'œuvre de Dante, car la théologie est la partie essentielle de cette œuvre. L'ouvrage d'Ozanam est le véritable piédestal de cette figure extraordinaire, qui, grâce à lui, n'apparaît plus comme un fantôme bizarre au milieu des ténèbres, mais, ainsi que lui-même nous la montre, d'après Raphaël, tour à tour sur le Parnasse et dans un concile, parmi les muses et parmi les docteurs.

Les travaux d'Ozanam commençaient à attirer sur lui un juste intérêt. Tandis que M. Cousin lui offrait une chaire de philosophie à Orléans, le conseil municipal de Lyon créait pour lui l'enseignement du droit commercial. Ozanam se décida pour cet enseignement plus aride, mais qui le ramenait près de sa mère devenue veuve et dans une ville qui était sa vraie patrie. Il avait ouvert son cours de droit commercial avec un véritable succès, quand fut publié le programme d'examens nouvellement institués par M. Cousin pour un concours qui donnait le titre d'agrégé près les Facultés. Ce concours était d'un ordre beaucoup plus élevé que les concours ordinaires pour l'agrégation. Les candidats qui se présentaient pour cette lutte supérieure appartenaient déjà à l'enseignement; M. Soulacroix, recteur de l'Académie de Lyon, qui dès lors suivait avec beaucoup d'intérêt la carrière de celui qui devait être son gendre, l'engagea à se mesurer avec eux. J'avais l'honneur de siéger parmi les examinateurs, et j'eus la joie de voir Ozanam remporter, de l'unanime aveu de ses juges et de ses émules, un triomphe dont le souvenir m'émeut encore aujourd'hui. Il y eut dans ce tournois universitaire un moment décisif. M. Egger le disputait à Ozanam, qui cependant semblait devoir l'emporter; mais rien n'était assuré. Restait la plus périlleuse des épreuves, une leçon à faire sur un sujet indiqué par le sort. Le sort donna à Ozanam *les scoliastes.* Il n'avait que vingt-quatre heures pour se préparer. Comment achever en si peu de temps les recherches que demandait une pareille étude? Comment donner de l'intérêt et de la vie à une pareille leçon? Il est vrai qu'avec une chevalerie qui régna dans tout ce concours et qu'il est bon de rappeler, les rivaux d'Ozanam s'empressèrent de lui fournir les indications qu'il était en leur pouvoir de lui offrir. Mais vingt-quatre heures seulement et les scoliastes! Pour ma part, le lendemain j'étais tremblant, quand Ozanam vint s'asseoir devant nous, maître de son sujet, semant les aperçus ingénieux, et fit sur les scoliastes une savante et charmante leçon. Les auditeurs et les concurrens applaudirent, les examinateurs se félicitèrent d'un tel concours, des espérances qu'un semblable talent faisait naître, et l'un d'eux fut presque aussi heureux que le vainqueur en se joignant à ses confrères qui, sans hésitation, proclamèrent Ozanam le premier des candidats admis.

Appelé par le choix de M. Fauriel à le suppléer dans la chaire de littérature étrangère, dont ce maître illustre avait fondé l'enseignement en France, Ozanam hésitait à quitter sa chaire de droit commercial et Lyon, d'autant plus que M. Villemain lui proposait dans cette ville de succéder comme professeur de littérature française à M. Quinet.

Je combattis ses doutes, je lui dis que sa place était à Paris, je lui garantis des succès brillans et utiles : ils l'ont été jusqu'au jour où une puissance qui déjoue tout calcul humain les a falement interrompus.

Ozanam avait quelque mérite à suivre mon conseil, car il quittait une situation beaucoup plus avantageuse pour venir être simple suppléant à Paris. Ce qui rendait ce sacrifice encore plus méritoire, c'est qu'il allait se marier. Ce fut vers ce temps qu'après avoir été un peu tenté de se faire dominicain comme le Père Lacordaire, qu'il a toujours aimé beaucoup et dont la parole le ravissait, il épousa Mlle Soulacroix. Il est impossible de séparer Mme Ozanam de la mémoire de son mari, car elle a exercé l'influence la plus heureuse sur sa destinée, le soutenant dans ses travaux, calmant les agitations d'une âme inquiète, pouvant l'apprécier et l'inspirer ; puis, quand vinrent les longues souffrances, y mêlant toutes les consolations de l'amour le plus tendre, accru encore, s'il est possible, par une entière communauté de foi et d'espérances.

Malgré la modicité de sa fortune, le jeune couple débuta, un peu à l'étourdie, par un voyage de Sicile, en sacrifiant quelques meubles ; voyage assez pénible, surtout pour une jeune femme, qu'ils firent seuls, sans beaucoup d'expérience des choses de la vie, au milieu de mésaventures de tout genre et d'un perpétuel enchantement.

Ozanam suppléa pendant quatre ans M. Fauriel avec un succès toujours croissant ; au bout de ce temps, la Faculté ayant fait dans celui-ci une des plus grandes pertes qu'elle pût essuyer, Ozanam, bien qu'il n'eût que trente-deux ans, fut présenté à l'unanimité par elle pour la place de professeur de littérature étrangère, et nommé par M. Villemain.

Jamais choix ne fut mieux justifié ; ceux qui n'ont pas entendu professer Ozanam ne connaissent pas ce qu'il y avait de plus personnel dans son talent. Préparations laborieuses, recherches opiniâtres dans les textes, science accumulée avec de grands efforts, et puis improvisation brillante, parole entraînante et colorée, tel était l'enseignement d'Ozanam. Il est rare de réunir au même degré les deux mérites du professeur, le fond et la forme, le savoir et l'éloquence. Il préparait ses leçons comme un bénédictin, et les prononçait comme un orateur ; double travail dans lequel s'est usée une constitution ardente et frêle, et qui a fini par la briser.

Mais aussi quelles leçons ! Quand Ozanam paraissait dans sa chaire avec sa figure pâle, sa voix vibrante, tout rempli d'un sujet profondément étudié ; quand, s'échauffant peu à peu, sous l'empire de quelque sentiment généreux de religion ou d'humanité qu'il savait faire jaillir des matières les plus arides, tout ému, tout palpitant, il mêlait l'enthousiasme à la science, passionnait l'érudition, élevait par moment la chaire du professeur au niveau de la tribune oratoire ou de la chaire chrétienne, il passait sur son auditoire de ces frémissemens qui sont le témoignage de l'éloquence le plus incontestable, parce qu'il est le plus involontaire.

Puisque je raconte l'homme tout entier, je ne dois pas oublier non plus sa coopération à la fondation du *Cercle catholique* et surtout à l'*OEuvre de la Propagation de la foi.*

Le cercle catholique fut fondé pour fournir un centre de réunion et un délassement honnête aux jeunes gens que leurs études amenaient à Paris. On y formait une bibliothèque, on y faisait des cours. Le discours qu'Ozanam y prononça en 1843, sous la présidence de l'archevêque de Paris, fut un fait assez important. L'objet de ce discours c'était de recommander la modération dans la polémique chrétienne; j'espère ne blesser personne en citant les paroles conciliantes prononcées ce jour-là par un catholique non suspect et approuvées par un archevêque.

Après avoir invité à la tolérance envers ceux qui doutent, par l'exemple de saint Basile « entretenant une touchante correspondance avec le sophiste Libanius, entourant de toute la piété filiale d'un disciple son vieux maître païen dont il ne désespéra jamais », l'orateur, fidèle à l'esprit de saint Basile, ajoutait : « Beaucoup ressentent amèrement la douleur de ne pas croire; on leur doit une compassion qui n'exclut point l'estime. Il serait habile quand il ne serait pas juste de ne les point rejeter dans la foule décroissante des impies et de distinguer entre les étrangers et les ennemis. »

Dès les premières années de sa jeunesse, Ozanam avait pris part à l'*OEuvre de la Propagation de la foi*, destinée à aider, par des souscriptions privées, les missionnaires catholiques dans les pays étrangers, et qui publie un recueil périodique formant comme une suite aux *Lettres édifiantes*. C'est à Lyon qu'Ozanam avait commencé à faire partie du conseil de l'association, dans cette ville où elle avait été fondée naguère par un petit nombre de personnes, parmi lesquelles je ne puis me refuser le plaisir de citer M. Périsse aîné, cet homme vertueux dont je m'honore d'être le parent. Le succès de cette entreprise chrétienne montre ce que peut faire de considérable la réunion d'un grand nombre de petits efforts animés d'un même esprit. Les membres de l'association donnent un sou par semaine. Les premières collectes furent faites en 1820 parmi les ouvrières de Lyon. Le budget annuel de la Société était en 1852 de 5 millions.

Ozanam ne fit jamais plus pour cette tâche évangélique que dans l'année où, au milieu de ses préparations laborieuses pour ce concours duquel dépendait tout son avenir, tandis qu'il écrivait son livre sur Dante et faisait son cours de droit commercial, il trouvait du temps pour prendre une part active à l'œuvre des missions et pour aller encore le soir apprendre à lire à des soldats.

Je ne puis m'empêcher de dire ces choses;

il faut qu'on sache ce que sa modestie cachait à ses meilleurs amis, qu'il y avait là deux vies : celle du savant, de l'écrivain, du professeur, et celle du saint. Cette seconde existence, qui fécondait la première en nourrissant les sentimens élevés que des livres et des cours révélaient ensuite, cette seconde existence ne m'était connue à moi-même qu'imparfaitement ; en aimant et en honorant beaucoup Ozanam, je ne savais pas à quel point je devais l'admirer.

Et comment ne pas parler encore de ce zèle sans relâche pour conseiller, diriger, encourager les jeunes gens ? Combien d'entre eux, s'ils me lisent, rendent en ce moment témoignage à mes paroles ! Combien, en repassant au fond de leur âme les jours où ils l'ont connu, se rappellent avec des larmes de reconnaissance et de douleur tout le bien qu'il leur a fait !

Au milieu des nombreux travaux d'Ozanam et parmi les succès qui les accompagnaient, des peines cruelles vinrent mettre à une rude épreuve cette âme aussi tendre qu'ardente. Il perdit un jeune beau-frère, et M. Soulacroix ne survécut pas longtemps à ce fils. Le deuil entra ainsi, comme presque toujours, dans le bonheur. Mais un enfant longtemps espéré était venu ajouter encore à ce bonheur domestique si pur et le compléter. En ce moment la position d'Ozanam était assurée, sa renommée grandissait en Italie et en Allemagne, les sympathies d'un public toujours plus nombreux l'entouraient ; il voyait devant lui un vaste avenir d'études et d'ouvrages, il avait toutes les distinctions littéraires en perspective. Mais alors sa santé commença à s'altérer et à préoccuper ses amis.

Il alla en Italie demander son rétablissement à ce pays qui lui était si cher et qui l'avait déjà si bien inspiré. Cette fois il en rapporta, avec un peu de force, le résultat de recherches entreprises dans les bibliothèques d'Italie sur l'histoire littéraire du moyen-âge. Il avait eu la joie de découvrir un certain nombre de morceaux inédits; plusieurs étaient d'un véritable intérêt. Il accompagna cette publication d'une préface où, comme toujours chez lui, l'art orne l'érudition sans l'effacer.

Tout en s'enfonçant dans la poudre des bibliothèques pour en exhumer quelques lambeaux curieux de la poésie du moyen-âge, le jeune catholique progressif avait senti battre son cœur à l'espoir de l'Italie moderne se régénérant par le catholicisme : un Pape qui proclamait la liberté. Cette épreuve était trop forte pour que l'âme enthousiaste d'Ozanam pût lui résister. Qui oserait lui reprocher aujourd'hui d'avoir cru à l'alliance de la religion et de la liberté, et d'avoir salué cette alliance avec transport?

Comment, à Rome, ne pas partager ce premier enivrement du peuple romain pour son généreux souverain, et ces apparences d'union, de concorde, hélas! sitôt dissipées, mais alors si décevantes? Ozanam a raconté la bénédiction du Pape donnée aux flambeaux, le jour où il avait promis l'édit qui instituait la *Consulte d'Etat*. En lisant ce récit, ou plutôt en contemplant ce tableau, après tout ce qui s'est passé, il est impossible de n'être pas atteint soi-même par l'émotion que ressent le témoin de cette grande scène, et d'être sévère pour l'illusion qui lui fait dire : « Pour moi, je restai quelque temps encore au pied de l'obélisque qui domine la place, profondément ému par cette pensée, que je venais de voir la fin du déchirement profond dont souffre depuis soixante ans la société européenne. » Là est l'illusion (1), non, j'espère, dans ce qu'il ajoute : « Depuis soixante ans, la société veut, cherche la liberté ; elle ne saurait s'en passer à aucun prix. Elle ne peut pas se passer non plus du christianisme. Cependant on lui a fait croire que ces deux grands biens sont incompatibles, qu'il faut choisir, et elle n'a pu prendre sur elle de renoncer ni à l'un ni à l'autre. »

Toute la politique d'Ozanam est dans ces paroles ; elle est dans cette soirée mémorable où Pie IX bénit son peuple encore reconnaissant, sous l'azur toujours étincelant du ciel de Rome ; elle est dans cette nuit solennelle qu'illuminèrent tout à coup six mille flambeaux. Cette nuit rayonna toujours dans l'âme d'Ozanam. Mais je reviens de ces beaux élans où tout n'était pas songe, aux réalités de sa vie, à ses travaux, et à ses souffrances.

Ici je rencontre les *Etudes germaniques*, ouvrage important auquel l'Académie des Inscriptions a décerné deux fois le grand prix Gobert et qui mérite de nous arrêter.

Montrer les barbares disciplinés par la culture romaine, civilisés par le christianisme et l'Eglise, telle est la pensée de ce livre. Ozanam y a fait entrer des recherches très laborieuses et des sortes

______

(1) Ozanam ne s'aveuglait pas sur les dangers, comme le prouve le titre même d'un de ses écrits : *Les dangers de Rome et ses espérances.*

de savoir très diverses. Il commence par les barbares, et, pour les connaître, il remonte à leur berceau. Il s'enfonce courageusement dans les origines germaniques. Aux sources indigènes il associe toujours les renseignemens puisés aux sources latines : pour la civilisation romaine, il consulte les historiens, les rhéteurs, il applique à l'étude de cette civilisation en décadence les lumières que le docteur en droit emprunte à la jurisprudence des Romains. Quant au christianisme, il n'a qu'à se laisser conduire par la prédilection et de ses études et de sa foi. Il résulte de cette association de travaux si différens une triple lumière dont jusqu'à lui personne n'avait éclairé à la fois le grand et obscur sujet qu'il a choisi. Les hommes versés dans les antiquités scandinaves n'approfondissaient point d'ordinaire l'état de la société et de la législation romaines ; les historiens de Rome n'ont point fait une étude sérieuse des antiquités du Nord ; les historiens du christianisme encore moins. Ce n'est pas tout : non seulement Ozanam a étudié ces trois grands faits, le germanisme, la civilisation romaine et l'Eglise, mais il s'est passionné tour à tour, bien qu'inégalement, pour chacun d'eux, et ce livre d'érudition est animé et vivifié perpétuellement par ce triple enthousiasme. La majesté sauvage de l'Edda le transporte ; il aime les rudes vertus des Germains ; il s'incline devant la grandeur de l'institution romaine, imposante encore dans ses débris ; il se prosterne devant le génie bienfaisant du christianisme et les triomphes de l'Eglise, dont il est un pieux enfant. Peut-être, dans son premier volume, sent-on parfois un embarras touchant, parce qu'il a pour cause la sincérité de sympathies diverses, pour mettre d'accord tous ces amours.

Mais les contradictions de détail et les légères incertitudes auraient disparu dans l'ensemble dont ce livre était destiné à faire partie et dont je parlerai bientôt ; je les indique pour ôter à ce qui est une appréciation convaincue l'apparence d'un aveugle panégyrique de l'amitié.

Dans le second volume, qui traite de *la Civilisation chrétienne chez les Francs*, il n'y a plus place pour aucune critique de ce genre ; on ne sent plus aucun tiraillement dans les jugemens de l'auteur. En racontant les progrès du christianisme, il est entièrement d'accord avec l'histoire et avec un devancier illustre, qui a traité cette partie du sujet d'Ozanam à un point de vue purement historique, M. Mignet.

Sans sortir de la vérité, Ozanam déploie tout le charme de son imagination dans le récit des conquêtes apostoliques des grands serviteurs du catholicisme qui vont à la conquête pacifique des nations barbares. En même temps, parvenu à une époque où l'ancienne Rome est tombée, où le paganisme n'est plus dangereux, il dépose généreusement toute haine en présence d'un ennemi vaincu, et le traite avec une courtoisie qui est encore de la charité ; il se complaît même à faire ressortir le côté littéraire et classique de saint Colomban et de saint Boniface, côté peu connu de l'existence héroïque de ces pieux apôtres, et que n'avaient mis en relief ni les hagiographes ni les philosophes, mais qui donne un charme naïf à leurs austères physionomies en y plaçant comme un sourire et orne, sans les amoindrir, leurs hautes vertus. Saint Colomban n'en est pas moins le Bridaine intrépide de la cour de Brunehaut, le destructeur des dernières idoles germaniques, le fondateur d'un grand nombre de monastères, parce qu'il a écrit en se jouant une épître en vers adoniques et qu'il prie un ami de ne point mépriser «ces petits vers, ces courtes mesures sous lesquelles Sapho, la grande muse lesbienne, aimait à enchaîner de mélodieux accens », et parce qu'il dit, se livrant à l'innocent plaisir d'allusions mythologiques dès lors sans danger: « La pluie d'or pénétra dans la tour de Danaé ; pour un collier d'or, Amphiaraüs fut vendu par une perfide épouse.» Saint Boniface, qui évangélisa une partie de l'Allemagne et termina la vie du missionnaire par la mort du martyr, saint Boniface n'était pas plus sévère puisqu'il accueillait avec bonté les vers que du fond d'un cloître lui adressait sa parente sainte Lioba, puisqu'il y répondait par un poëme composé de douze énigmes qu'il accompagnait de ce gracieux envoi : « J'ai voulu envoyer à ma sœur dix pommes d'or cueillies sur l'arbre de vie, où elles pendaient parmi les fleurs. » Le poëme de saint Boniface roulait, il est vrai, sur *les vertus*, mais voici comment parlait *la justice :* « On dit que le foudroyant Jupiter me donna la naissance et que vierge j'ai quitté à cause de ses crimes la terre profanée. Le jour où je fus méprisée, l'essaim des maux s'abattit sur les peuples, ils foulèrent sans repentir les préceptes du véritable maître du tonnerre, les lois du Christ. Voilà pourquoi ils descendent tristement dans la nuit de l'Erèbe et vont habiter en pleurant le brûlant royaume de Pluton. » On voit que, semblables aux Pères de l'Eglise, les missionnaires du huitième siècle étaient loin d'une sévérité pour les études classiques dont on devait s'aviser au dix-neuvième et combien cette sévérité était étrangère à Ozanam lui-même. Celui qui parle quelque part de la *suite des lettres*, utile à étudier comme la suite des empires de Bossuet, ne trouvait pas dans sa rigoureuse orthodoxie d'anathèmes contre les chefs-d'œuvre de l'antiquité. Au contraire, il voyait dans ces chefs-d'œuvre un instrument secondaire de Dieu pour l'éducation du genre humain, dont le christianisme était le complément divin. Un tiers de son second volume est consacré aux *écoles*, et c'est peut-être la partie la plus complète et la plus neuve de ce travail, qui allait se perfectionnant toujours, à mesure que l'auteur s'éloignait lui-même de la jeunesse et s'avançait vers la maturité. Il y a notamment dans l'histoire des écoles un exposé très curieux de la singulière franc-maçonnerie littéraire de ces grammairiens qui pendant les siècles barbares inventèrent, comme un langage cabalistique pour leur usage secret, onze sortes de latin outre le véritable. Il y est traité spécialement de ce grammairien de Toulouse qui au sixième siècle prit modestement le nom de *Virgilius Maro*, et qui, sous d'autres noms empruntés à l'antiquité, a fait l'histoire de toute une série de maîtres inconnus qu'Ozanam a retrouvés avec des allusions aux événemens contemporains qu'il a démêlées avec une rare sagacité. Il a apporté dans la discussion de cet étrange problème d'histoire littéraire une vraie supériorité de critique et une grande nouveauté de résultats.

Comme je l'ai dit, les *Etudes germaniques* devaient faire partie d'un grand ensemble destiné à combler une lacune dans l'histoire de l'esprit humain, à rattacher l'antiquité et les temps modernes, en montrant que sous l'influence du christianisme la culture antique non seulement n'avait jamais été interrompue, mais avait reçu un principe nouveau et fécond qui à travers les siècles de la plus grande barbarie s'était propagé jusqu'au treizième siècle, apogée du moyen-âge. Ce livre, un par la pensée, et composé de plusieurs ouvrages de forme différente, devait s'appeler : *Histoire de la Civilisation aux temps barbares.*

Nous allons essayer d'indiquer comment les publications et les manuscrits d'Ozanam pourront donner l'idée de ce vaste dessein.

Un premier volume dont les matériaux existent manuscrits ou imprimés contiendra le tableau du paganisme à l'avénement des barbares, de la littérature chrétienne et de l'art chrétien à cette époque et dans les temps qui ont suivi. Il paraîtra prochainement.

J'emprunte à l'introduction qui sera placée en tête de ce volume quelques lignes qui font connaître à la fois et le plan qu'Ozanam avait conçu, et le sentiment qui lui avait fait prendre la plume. Après avoir béni Dieu de l'avoir fait chrétien, et avoir rappelé les doutes qui avaient assailli sa jeunesse, et dont un prêtre philosophe l'avait délivré, il ajoute :

« Depuis lors, vingt ans se sont écoulés. A mesure que j'ai plus vécu, la foi m'est devenue plus chère.

J'ai mieux éprouvé ce qu'elle pouvait dans les grandes douleurs et dans les périls publics ; j'ai plaint davantage ceux qui ne la connaissaient pas.................

....

» Le bonheur de mon temps m'a permis d'entretenir de grands chrétiens, des hommes illustres par l'alliance de la science et la foi, et d'autres qui, sans avoir la foi, la servaient à leur insu par la droiture et la solidité de leur science. La vie s'avance cependant ; il faut saisir le peu qui reste des rayons de la jeunesse. Il est temps d'écrire et de tenir à Dieu la promesse de mes dix-huit ans...............................

....

» Je ne ferme point les yeux sur les orages du temps présent ; je sais que j'y peux périr, et avec moi cette œuvre à laquelle je ne promets pas de durée. J'écris cependant, parce que Dieu, ne m'ayant point donné la force de conduire une charrue, il faut néanmoins que j'obéisse à la loi du travail et que je fasse ma journée. J'écris comme travaillaient ces ouvriers des premiers siècles qui tournaient des vases d'argile ou de verre pour les besoins journaliers de l'Eglise, et qui d'un dessin grossier y figuraient le bon pasteur ou la vierge avec des saints. Ces pauvres gens ne songeaient pas à l'avenir. Cependant quelques débris de leurs vases trouvés dans les cimetières sont venus, quinze cents ans après, rendre témoignage et prouver l'antiquité d'un dogme contesté.

» Nous sommes tous des serviteurs inutiles, mais nous servons un maître souverainement économe et qui ne laisse rien perdre, pas plus une goutte de nos sueurs qu'une goutte de ses rosées. Je ne sais quel sort attend ce livre, ni s'il s'achèvera, ni si j'atteindrai la fin de cette page qui fuit sous ma plume ; mais j'en sais assez pour y mettre le reste, quel qu'il soit, de mon ardeur et de mes jours. »

Puis, s'inspirant de Dante et de son cœur :

« Je veux faire aussi le pèlerinage de trois mondes, et m'enfoncer d'abord dans cette période des invasions sombre et sanglante comme l'enfer. J'en sortirai pour visiter les temps qui vont de Charlemagne aux croisades, comme un purgatoire où pénètrent déjà les rayons de l'espérance. Je trouverai mon paradis dans les splendeurs religieuses du treizième siècle. Mais tandis que Virgile abandonne son disciple avant la fin de la course, car il ne lui est pas permis de franchir la porte du ciel, Dante au contraire m'accompagnera jusqu'aux dernières hauteurs du moyen âge, où il a marqué sa place. Trois femmes bénies m'assisteront aussi : la Vierge Marie, ma mère et ma sœur. Mais celle qui est pour moi Béatrix m'a été laissée sur la terre pour me soutenir d'un sourire et d'un regard, pour m'arracher à mes découragemens, et me montrer, sous sa plus touchante image, cette puissance de l'amour chrétien dont je vais raconter les œuvres. »

Après ce premier volume sur le paganisme et la civilisation chrétienne à l'arrivée des barbares, se placent les *Etudes germaniques* qui ont paru.

Ces deux ouvrages étaient, comme on vient de le voir, le fondement de son œuvre ; il voulait suivre le christianisme, la culture latine et le génie barbare, chez les principaux peuples de l'Europe, à travers l'époque obscure qui va de Charlemagne jusqu'au treizième siècle. Son livre sur Dante devait couronner le tout. On voit qu'il a eu le temps de construire la base de l'édifice et d'en achever le faîte. Pour la partie intermédiaire, le plan existe, dessiné par des indications précises parmi lesquelles se trouvent heureusement un assez grand nombre de morceaux terminés. Ses amis espèrent qu'on pourra plus tard tirer de là une suite de jalons au moyen desquels l'appréciation de ce qu'il a fait sera jusqu'à un certain point complétée par l'appréciation de ce qu'il aurait pu faire.

Il m'avait communiqué en très grande partie le

manuscrit du premier volume, et ceci me rappelle des souvenirs personnels mêlés à des souvenirs douloureux que maintenant ma plume rencontrera trop souvent. De tristes momens s'approchent, et j'ai besoin de tout mon courage pour aller jusqu'au bout.

Ce fut durant l'automne de 1851, sur un banc que je vois encore dans son petit jardin de Sceaux, où il était allé, déjà bien fatigué, chercher quelque repos entre sa femme et son enfant, qu'Ozanam me lut ce tableau du paganisme qu'on connaîtra bientôt. Derniers jours sereins de notre amitié, les derniers où l'inquiétude qu'il fallait lui cacher ne vînt pas en empoisonner la douceur. Qu'on me permette de leur donner un regret et de ne pas essuyer cette larme qui tombe sur le papier tandis que j'écris. Je vais reprendre le plus tranquillement que je pourrai le récit de ses derniers travaux et de ses deux dernières années.

Je fis avec lui et Mme Ozanam un petit voyage en Angleterre pour voir la grande Exposition ; je m'enthousiasmais plus qu'il ne faisait lui-même en présence de ces merveilles de l'industrie. J'allais partir pour les Etats-Unis ; mon esprit, trop curieux peut-être, s'ouvrait à des admirations nouvelles qu'Ozanam ne partageait plus autant qu'autrefois quand nous nous entendions si bien sur les Niebelungen et sur le Dante. Il trouvait que j'admirais trop l'Angleterre, que j'oubliais trop les Irlandais. Lui, meilleur que moi, me laissait retourner seul au Palais de cristal, pour avoir le temps de visiter les caves habitées par les pauvres catholiques d'Irlande ; il en revenait tout ému, et je crois un peu plus pauvre qu'en y descendant.

Dès lors il avait écrit dans le *Correspondant* des articles sur les poëtes franciscains, qui sont devenus un livre charmant, et qui devait se placer avant Dante dans son grand ouvrage. J'ai dit ailleurs (dans la *Revue des Deux Mondes*) tout le bien que je pense de ce chef-d'œuvre plein de savoir et de grâce. J'insiste sur le mot grâce parce que c'était un des caractères de cette imagination dont l'austérité de la vie et les labeurs de l'érudition n'avaient pas fait tomber la fleur. Ses amis le savent par ses lettres ; le public le peut reconnaître en mille endroits de ses plus doctes travaux, et partout dans ses *Poëtes franciscains en Italie au treizième siècle.* On est surpris qu'il soit possible de parler avec autant de charme de ces pauvres moines. Cela aurait bien étonné Voltaire. Il est vraiment incroyable que le même homme ait pu en même temps se livrer aux recherches érudites consignées dans son rapport sur une mission en Italie que lui avait confiée M. de Salvandy, et écrire ce délicieux volume. Dans nos soirées de Sceaux, j'avais été initié au secret de la traduction modeste des *Petites fleurs de saint François* qui accompagne l'ouvrage d'Ozanam, et qui, dit-il, est l'œuvre d'une main plus délicate que la sienne : cette main est celle qui s'est trouvée assez forte pour lui présenter le dernier breuvage, et qui lui a donné la dernière étreinte.

Quand je revins d'Amérique, au printemps de 1852, je trouvai Ozanam bien plus malade que je ne l'avais laissé : il ne pouvait plus songer à reprendre son cours l'hiver suivant, il fallait chercher un climat plus doux. Il alla d'abord aux

Eaux-Bonnes, qui ne lui réussirent point. Tout en jouissant beaucoup de ses excursions dans les Pyrénées, car il sentait vivement la nature, il se préoccupait d'autre chose que du cirque de Gavarnie. Il travaillait activement à fonder un hôpital pour les malades pauvres qui ont besoin des eaux. La Société de Saint-Vincent de Paul aurait fourni le prix du voyage, et les malades aisés auraient subvenu à l'entretien. J'énonce ici ce plan charitable dans l'espoir qu'il ne sera pas abandonné ; accomplir cette pensée d'humanité serait l'hommage le plus selon son cœur qu'on pût rendre à sa mémoire.

Ozanam fut envoyé ensuite à Biarritz, où il se trouva mieux, et d'où rien ne put l'empêcher de faire une excursion en Espagne. Il voulut voir Burgos. On publiera ce petit voyage entrepris témérairement, par enthousiasme pour les souvenirs et les monumens de l'Espagne catholique, pour la mémoire du Cid. Voici ce qu'il m'écrivait alors avec une jeunesse d'impressions charmante et si triste, quand on songe combien cette jeunesse était près de sa fin :

« A Burgos, j'avais tout le poëme de l'Espagne héroïque et sacrée. J'ai salué l'arc de Fernan Gonzalès, premier comte de Castille, dont les aventures remplissent tant de ballades ; des chapelets de têtes sculptées sur les murs de la cathédrale m'ont rappelé les têtes coupées des sept infans de Lara ; mais par-dessus tout, et à chaque pas, la grande image du Cid, le lieu de sa maison marqué par une pierre monumentale, le château où il célébra ses noces avec Chimène, la porte de l'église où il obligea le roi Alfonse VI à se purger par serment de la mort de son frère, le coffre, oui, le célèbre coffre qu'il remplit de sable, et sur lequel les juifs du lieu lui prêtèrent 600 écus d'or. Pour moi, toutes ces traditions vivent, tous ces personnages ont chair et sang; j'ai presque touché de ma main la belle barbe du Campéador, et si je veux réveiller son vieux cheval Babieça, je sais l'endroit où il est enterré. »

Après être demeuré quelque temps à Bayonne, il résolut de passer l'hiver à Pise. Ce voyage, dont on attendait beaucoup, trompa toutes les espérances. L'hiver fut extrêmement pluvieux, il y eut là de tristes momens! M. le ministre de l'instruction publique, qui a donné dans toutes les circonstances à Ozanam, son ancien condisciple, des marques d'un affectueux intérêt, lui avait ménagé une mission scientifique. Ozanam entendait que cette mission fût sérieuse, et, déjà très malade, il allait travailler à la bibliothèque de Pise. Il avait rassemblé les matériaux d'un récit qu'il voulait faire de la fondation de la commune de Milan, et qui se rattachait à la dernière partie de sa grande entreprise. Ce travail avait vivement excité l'intérêt d'un bien bon juge, M. Gino Capponi, si profondément versé dans l'histoire de l'Italie.

L'état d'Ozanam empirait visiblement; on pensa qu'un séjour au bord de la mer pourrait lui être salutaire, et on choisit un petit village tout près de Livourne. En effet, à peine arrivé dans ce lieu, le malade éprouva un mieux surprenant, et ses amis se prirent de nouveau à espérer. Il eut alors lui-même un sentiment d'espoir, et, tombant à genoux, il remercia Dieu de le rendre à la vie. C'est alors aussi qu'il écrivit ces vers, car il en a composé beaucoup, tous dédiés aux mêmes affections d'époux et de père, et qui ne sentent point trop l'érudit.

Sur l'écueil de San-Jacopo, le 23 juin 1853.

Sur un écueil lointain notre nef échouée
Attend le flot sauveur qui la ramène au port,
Et la madone à qui la barque fut vouée
Semble sourde à nos vœux, et l'enfant Jésus dort.

Pourtant, voici douze ans, sous ce doux patronage
Nous partions pleins d'espoir : des fleurs ornaient ton front,
Et bientôt, pour charmer, pour bénir le voyage,
A la poupe s'assit un petit ange blond.

Depuis ce temps le ciel s'est noirci sur nos têtes,
Les vents ont ballotté notre esquif nuit et jour ;
Mais nous n'avons pas vu si cruelles tempêtes,
Climats si rigoureux où s'éteignît l'amour.

Non, non, je ne veux plus craindre sous votre garde,
Compagnes de l'exil que Dieu me prépara.
Déjà d'un œil clément la Vierge nous regarde
Tout à l'heure l'enfant Jésus s'éveillera.

Et sa main, nous poussant sur une mer calmée,
Sans peur et sans effort nous toucherons enfin
Au bord où nos amis, foule ardente et charmée,
Signalent notre voile et nous tendent la main.

Ses amis l'attendaient en effet avec impatience ; mais il ne leur a pas été donné de lui serrer la main. Dès qu'Ozanam s'était senti plus de force, il avait voulu visiter Florence et Sienne. A Florence, une distinction bien flatteuse et bien rarement accordée à un étranger l'attendait : il fut nommé académicien de la Crusca, comme l'avait été M. Fauriel et en même temps que M. le comte César Balbo, de respectable mémoire, qui avant d'avoir fait partie du ministère piémontais modéré pendant la guerre contre l'Autriche, avait, lui aussi, écrit sur Dante et publié ce livre sur les *Espérances de l'Italie*, qui en fit naître de si grandes et de si passagères. Ozanam fut très sensible au choix dont la Crusca l'honorait et de cette association avec M. Balbo, auquel il écrivit une aimable lettre.

Mais ce qui le touchait encore plus que les distinctions académiques, c'était la Société de Saint-Vincent-de-Paul; il s'en occupait partout. Et quand on lui disait de ménager ses forces, il répondait : « Puisque Dieu me rend de la santé, je dois l'employer à son service. » Il s'occupait sans cesse d'échauffer le zèle des associations là où il en existait, et d'en fonder de nouvelles.

Cette amélioration de sa santé, dont il s'était hâté de faire un si touchant usage, devait être la dernière. Revenu au bord de la mer, près de Livourne, dans le village de l'Antignano, il commença à déchoir rapidement, et bientôt toute espérance fut désormais impossible. Ozanam remercia encore Dieu ; mais cette fois c'était de le faire souffrir. Alors le chrétien se montra tout entier. Ses deux frères étaient accourus auprès de lui : l'un, son aîné, prêtre plein de zèle, et l'autre, plus jeune, auquel il a tenu lieu de père, et qui est déjà un médecin estimé.

Il était donc aussi entouré qu'on peut l'être sur la terre étrangère ; il y avait trouvé de véritables amis dont sa famille se plaît à attester le dévouement. Il passait une grande partie de son temps à lire la Bible. Il en avait extrait tous les passages qui se rapportent à la maladie. Ce fut son dernier travail, entrepris pour être utile à ceux qui souffriraient après lui. Enfin on se décida à le ramener en France, l'Italie ne pouvait rien pour lui. A Marseille, il trouva sa belle-mère et la famille de sa femme. « A présent que j'ai remis Amélie entre les mains de qui elle doit être, dit-il, Dieu fera de moi ce qu'il voudra ! »

Il faudrait une plume plus sainte que la mienne pour raconter les sept jours qu'il vécut encore sur la terre de France. En présence de tant de résignation, de tant de foi, il n'y a plus qu'à s'agenouiller comme on fait au pied du lit d'un mourant.

Mais après ces derniers instans, qui appartiennent à la famille et à la religion, viennent les hommages publics, qui ne sont pas une consolation pour les vivans, mais un juste tribut payé à la mémoire des morts.

Il y a quelques jours, en présence de la dépouille mortelle d'Ozanam, rapportée à Paris, on célébrait dans l'église de Saint-Sulpice un service funèbre auquel assistaient, en grand nombre, des ecclésiastiques, des savans, des jeunes gens, des amis ; dans toutes les âmes était un regret profond, une sympathie affectueuse, un recueillement digne de celui qui l'inspirait. Puis on s'est acheminé vers une salle souterraine où le corps a été déposé. Quelques flambeaux éclairaient cette foule descendue par un petit escalier sous une voûte obscure qui faisait penser aux Catacombes. Le doyen de la Faculté des Lettres, M. Victor Le Clerc, en présence de ses confrères, au milieu des disciples et des amis qui se pressaient autour de ce cercueil, a prononcé avec une émotion vraie un discours qui a touché tous les cœurs.

Ce discours, qui a paru dans le *Journal de l'instruction publique*, se termine ainsi :

« .... Et maintenant il ne nous reste d'autre consolation que de croire l'entendre, du fond de cette tombe, nous dire avec le poëte : « Ne me pleurez pas ; la mort, c'est l'immortalité qui commence, et quand j'ai paru fermer les yeux, je les ouvrais à la lumière éternelle » ; ou dans le texte qu'il est permis de citer en parlant d'un académicien de la Crusca :

> *Di me non pianger tu, chè i miei di fersi,*
> *Morendo, eterni ; e nell' eterno lume,*
> *Quando mostrai di chiuder gli occhi, apersi.*

« Nous pouvons nous dire aussi, pour distraire notre douleur, qu'il a été heureux dans cette vie passagère ; qu'il y avait dans cette destinée sitôt brisée quelques unes des joies les plus pures qu'il soit donné à l'homme d'espérer ; une éducation saine et généreuse, un cœur formé à tout ce qu'il y a de grand et de bon, des amitiés fidèles, les douces affections de la famille, les nobles triomphes de la pensée et de la parole, peut-être un jour la gloire. Mais ce n'est pas ici, c'est plus haut qu'il avait placé son espoir et qu'il trouvera sa récompense. »

Oui, Ozanam aura cette sorte de gloire, la plus enviable peut-être, parce qu'elle est la plus touchante, qui s'attache aux belles œuvres inachevées, qui est gracieuse comme une espérance et triste comme un regret.

9 782012 956100